curiosidad por

AUTOS DE INDYCAR

POR RACHEL GRACK

AMICUS

¿Qué te causa

curiosidad?

Curiosidad por es una publicación de Amicus
P.O. Box 227, Mankato, MN 56002
www.amicuspublishing.us

Gillia Olson y Alissa Thielges, editoras
Kathleen Petelinsek, diseñadora
Bridget Prehn, investigación fotográfica

Library of Congress Cataloging-in-Publication Data

Names: Koestler-Grack, Rachel A., 1973- author.
Title: Curiosidad por los autos Indycar / by Rachel Grack.
Other titles: Curious about Indy cars. Spanish.
Description: Mankato, Minnesota : Amicus, [2023] | Series: Curiosidad por los vehículos geniales | Translation of: Curious about Indy cars. | Includes bibliographical references and index. | Audience: Ages 6–9. | Audience: Grades 2–3. | Summary: "Appeal to budding racers with this Spanish question-and-answer book covering Indy car parts, fuel, and how they differ from other race cars. Simple infographics draw in browsers and visual learners. Includes table of contents, glossary, index."—Provided by publisher.
Identifiers: LCCN 2021055459 (print) | LCCN 2021055460 (ebook) | ISBN 9781645494591 (hardcover) | ISBN 9781681528762 (paperback) | ISBN 9781645494652 (ebook)
Subjects: LCSH: Indy cars–Juvenile literature. | Automobile racing–Juvenile literature.
Classification: LCC TL236.25 .K6418 2023 (print) | LCC TL236.25 (ebook) | DDC 629.228/5–dc23/eng/20220103

Créditos de las imágenes © Shutterstock/Grindstone Media Group cover, 1, 3, 12, 19 (helmet, head sock); Shutterstock/Jon Nicholls Photography 4–5; Alamy/imageBROKER 6–7 (Indy); Shutterstock/Stuart Elflett 6–7 (F1); Shutterstock/Sergei Bachlakov 8–9; 20–21;iStock/schlol 10; AP/Jeff McIntosh 2, 11; Shutterstock/Vector Tradition 13 (tickets); iStock/kvsan 13 (engine); Shutterstock/risteski goce 13 (tire); iStock/Pixelci 13 (chassis); Shutterstock/Lotus_studio 13 (wrench); Library of Congress/Carol M. Highsmith 14–15; Alamy/Cal Sport Media 16-17; Shutterstock/HodagMedia 19 (top); Shutterstock/GARAGE38 19 (gloves)

Impreso en los Estados Unidos de America

CAPÍTULO UNO

¿Qué son los autos de IndyCar?

Son autos de carreras. Los autos de IndyCar tienen ruedas y **cabinas** abiertas. Toman su nombre de la carrera las 500 Millas de Indianápolis. Los autos de ndyCar alcanzan velocidadesde 230 millas por hora 370 kph). ¡Pasan de 0 a 60 millas por hora (97 kph) en 3 segundos!

¡Zum! Hélio Castroneves compitió en la Honda Indy de 2017.

Auto de IndyCar

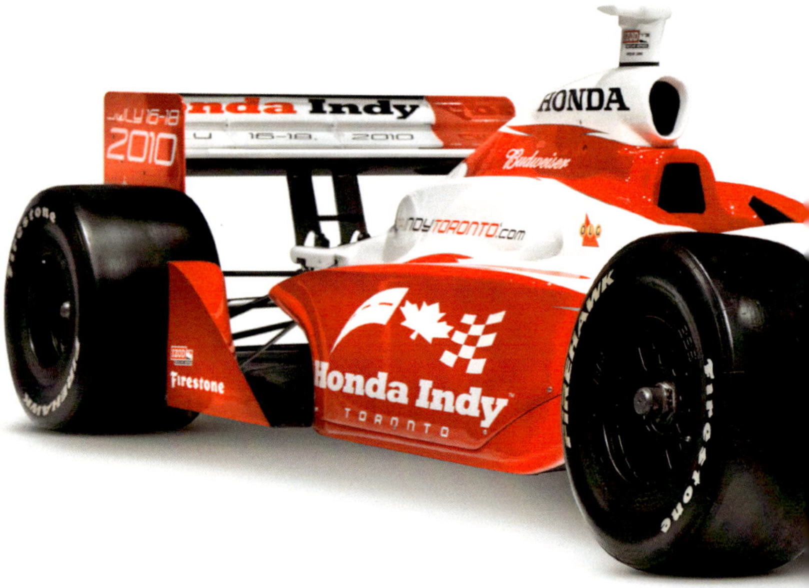

¿En qué se diferencian los autos de IndyCar de otros autos de carreras?

Auto de Fórmula 1

Los autos de IndyCar se parecen mucho a los de Fórmula 1. Pero los autos de Fórmula 1 compiten en todo el mundo. Los autos de IndyCar compiten principalmente en Norteamérica. NASCAR usa autos de carreras stock cars. Se parecen más a los autos normales. Tienen ruedas y cabinas cerradas.

INDYCAR FRENTE A FÓRMULA 1

IndyCar	Fórmula 1
motor V-6 de 2,2 litros	motor V-6 de 1,6 litros
sin asistencia eléctrica	con asistencia eléctrica
sin dirección hidráulica	con dirección hidráulica
0 a 60 en 3 segundos	0 a 60 en 2,1 segundos
velocidad máxima: 235 mph (378 kph)	velocidad máxima: 200 mph (322 kph)

CAPÍTULO DOS

¿Qué tipo de combustible usan los autos de IndyCar?

Un auto hace una parada en boxes en la Molson Indy.

Se llama E85-R. Este combustible tiene 85 partes de **etanol** por 15 partes de gasolina. La mezcla da más potencia a los motores. Contamina menos que la gasolina sola. También rinde más millas por galón. Eso significa menos **paradas en boxes** para cargar combustible.

¿Qué tipo de neumáticos usan los autos de IndyCar?

Unos neumáticos grandes y lisos. No tienen bandas de rodadura. Se agarran la pista. Los autos de IndyCar gastan 360 neumáticos por temporada. ¿Por qué tantos? Las velocidades de la carrera provocan una **carga**. Los autos se vuelven cuatro veces más pesados. ¡Ese peso consume los neumáticos!

Los neumáticos lisos se desgastan rápidamente durante las carreras.

¿Cuánto cuesta un auto de IndyCar?

Se invierte mucho tiempo y dinero en cada auto de IndyCar.

Los autos de IndyCar cuestan, por lo menos, 1 millón de dólares. Estos autos a veces gastan dos motores por carrera. Además, los equipos les pagan a los pilotos y a las **cuadrillas de boxes**. Compran herramientas y neumáticos. ¡Una temporada podría costar hasta 15 millones de dólares!

COSTO DE ENTRADA A LA INDY 500: $21.000

MOTOR: $125.000 A $225.000

NEUMÁTICOS: $91.000 (SUMINISTRO PARA UN MES)

CHASIS (BASTIDOR DEL AUTO): $350.000

MECÁNICOS / PERSONAL: $250.000

CAPÍTULO TRES

¿Dónde corren los autos de IndyCar?

os autos de IndyCar compiten en tres tipos de pistas. as pistas ovaladas también se llaman **circuitos**. Son istas cerradas que se usan solamente para carreras. os circuitos callejeros se instalan en carreteras públicas. os circuitos en carretera se ven como carreteras úblicas pero se usan solo para carreras.

¿SABÍAS?
Un supercircuito mide al menos 2 millas (3,2 km) de largo.

La pista ovalada de la Indy 500 mide 2,5 millas (4,0 km) de largo.

¿Cómo es una carrera?

Los pilotos se alinean en el punto de partida de la Indy 500.

Primero, los autos corren vueltas para **calificar**. El tiempo en que terminan establece el orden en que empezarán. Para la carrera, los autos se alinean en hileras. Cae la bandera verde y la carrera comienza. La Indy 500 tiene 200 vueltas. Terminarla toma unas 3 horas.

¿Qué se siente estar al volante?

¡Conducir es un ejercicio físico intenso! Frenar requiere mucho esfuerzo de las piernas y los pies. Es como empujar una pesa de 100 libras (45 kg). ¡Los pilotos frenan aproximadamente cada 18 segundos! Virar el volante se siente como torcer el neumático de un camión pesado. Hacen eso durante varias horas seguidas. ¡Fiú!

Los pilotos se mantienen en excelente forma para competir.

Casco de Kevlar

Pasamontañas resistente al fuego y traje mono ignífugo

¿SABÍAS?

El piloto usa un equipo que lo protege en caso de que el auto se incendie.

Guantes resistentes al fuego

¿Qué sucede durante una parada en boxes?

Las cuadrillas de boxes trabajan rápidamente para que el auto pueda volver a la carrera.

Las cuadrillas de boxes agregan combustible y cambian los neumáticos. ¡Lo hacen en aproximadamente ocho segundos! Se requiere de un gran trabajo de equipo y ningún error. Cada segundo cuenta en las carreras de IndyCar. ¡Bruum!

¿SABÍAS?

La parada en boxes promedio dura 8 segundos. ¡Los cuatro neumáticos pueden cambiarse en 5 segundos!

¡MANTÉN TU CURIOSIDAD!

HAZ MÁS PREGUNTAS

¿Qué se siente estar en la pista de carreras de IndyCar?

¿Qué tan reñidas son las carreras?

Haz una PREGUNTA GRANDE:

¿A qué peligros se enfrentan los pilotos de los autos de IndyCar?

BUSCA LAS RESPUESTAS

Busca en el catálogo de la biblioteca o en Internet.
Pueden ayudarte tus padres, un bibliotecario o un maestro.

Usar palabras clave
Busca la lupa.

Las palabras clave son las palabras más importantes de tu pregunta.

?

Si quieres saber sobre:

- eventos de carreras de IndyCar, escribe: CARRERAS DE INDYCAR
- carreras de IndyCar con finales reñidos, escribe: CARRERAS REÑIDAS DE INDYCAR

TEAM PENSKE
Mast

GLOSARIO

cabina El lugar donde se sientan los pilotos; los autos de IndyCar tienen cabinas abiertas.

calificar Poder participar en un evento.

carga Fuerza que actúa sobre un auto en movimiento, empujándolo hacia abajo, en dirección al suelo.

circuito Pista de carreras ovalada; un supercircuitos mide al menos 2 millas (3,2 km) de largo.

cuadrilla de boxes Los miembros de un equipo competidor que reparan el auto.

etanol Combustible hecho con un alcohol de plantas.

parada en boxes Parada corta durante una carrera para dar servicio a los autos.

ÍNDICE

Acerca de la autora

Rachel Grack corrige y escribe libros para niños desde 1999. Vive en un rancho en Arizona. ¡Siempre le han entusiasmado los autos atractivos! Hubo un tiempo en el que incluso era dueña de un street rod: un Ford Galaxie 500 de 1965. Le encantaba pasearse en él con las ventanas bajas. ¡Esta serie volvió a encender su pasión por los autos!